Der 1. Geburtstag Ihres neuen Babys

Service-Heft

von Martin Baxendale

Eichborn.

Die Deutsche Bibliothek – CIP-Einheitsaufnahme

Baxendale, Martin:
Der 1. Geburtstag Ihres neuen Babys : Serviceheft / Martin
Baxendale. [Aus dem Engl. von Matthias Bischoff]. – Frankfurt
am Main : Eichborn, 1997
   ISBN 3-8218-2499-9

© Copyright 1995 Martin Baxendale, Silent But Deadly Publications (Stoud, Gloucester)
© für die deutsche Ausgabe: Eichborn GmbH & Co. Verlag KG, Frankfurt am Main, Januar 1997
Übersetzung: Matthias Bischoff und Bettina Maurer
Umschlaggestaltung: Christina Hucke unter Verwendung einer Zeichnung von Martin Baxendale
Gesamtproduktion: Fuldaer Verlagsanstalt, Fulda
ISBN 3-8218-2499-9

Verlagsverzeichnis schickt gern:
Eichborn Verlag, Kaiserstraße 66, 60329 Frankfurt am Main

Inhaltsverzeichnis

Ebenfalls erhältlich in dieser Reihe:

Ihr neues BABY – Gebrauchsanleitung

Ein überaus populärer Ratgeber über die Instandhaltung und den Umgang mit Ihrem neuen BABY, von unschätzbarem Wert besonders für Anfänger. Darin erhalten Sie eine umfassende Einführung in die zahllosen Möglichkeiten nützlicher und unterhaltsamer Eigenschaften und Funktionen, wie geschaffen für die unerfahrensten unter den BABY-Eignern und -Betreibern. Wir garantieren Ihnen viele Jahre problemlose Laufzeit. (Bitte beachten Sie auch die Hinweise auf der folgenden Seite.)

»Ich weiß nicht, was ich ohne Ihr wundervolles BABY-Handbuch getan hätte. Ich hatte ja keine Ahnung, was ich mit meinem BABY anfangen soll. Zuerst dachte ich, es handele sich dabei um eine neuartige Küchenmaschine. Doch dann las ich Ihr Handbuch.« (Unerbetene Leserzuschrift von Herrn S.Tiesel aus Gau-Bickelheim)

Vorwort

In unserem Anfänger-Handbuch »Ihr neues BABY – Gebrauchsan-leitung« haben wir die stolzen Neubesitzer mit vielen Eigenschaften, Funktionen und Betriebsarten sowie der im täglichen Betrieb un-umgänglichen Instandhaltung Ihres neuen BABYs (Modell 1001 ♂ und Modell 1001 ♀) vertraut gemacht.

Jetzt, da Ihr neues BABY sein erstes Lebensjahr vollendet hat, dürfte für Sie als nunmehr erfahrene BABY-Eigner dieses umfas-sende Handbuch für die ersten zwölf Monate bzw. die ersten 2000 Windelwechsel eine nicht minder wichtige, ergänzende Lektüre darstellen.

Vollgepackt mit wertvollen Tips und Hinweisen, mit deren Hilfe Sie den Zustand Ihres neuen BABYs überprüfen können, handelt es sich dabei auch um eine detaillierte Beschreibung aller verbes-serten Funktionsleistungen und Betriebsarten, die Sie sicherlich schätzen werden, wenn Sie Ihr BABY mit jedem Monat besser ken-nenlernen.

Bitte denken Sie stets daran: Unter sorgfältiger und regelmäßi-ger Durchführung der empfohlenen Instandhaltungs- und War-tungsarbeiten können wir garantieren, daß Ihr BABY ungeachtet seiner Altersstufe störungsfrei läuft und Ihrer Familie stundenlange Unterhaltung bescheren wird.

Das Kleingedruckte:

Bitte beachten Sie: Der Ausdruck »störungsfrei« bedeutet natürlich nicht, daß Ihr BABY Sie nie stören wird. Ihr Recht auszuflippen, zu heulen oder hysterisch zu schreien, mit dem Brotmesser in der Hand Amok zu laufen und Ihren kleinen Schatz auf dem nächsten Ameisenhügel auszusetzen, bleibt davon selbstverständlich unberührt.

Instandhaltung und Reparaturen

Zurücknahme defekter Modelle: Aufgrund zahlreicher Beschwerden von BABY-Eignern über Konstruktionsmängel Ihres BABYs sowie die massive und zu hohe Lärmbelästigung während des Normalbetriebs, hohen Betriebskosten und den ernstzunehmenden Gesundheitsbelastungen langjähriger BABY-Betreiber, müssen alle neuen BABYs (Modell 1001 ♂ und Modell 1001 ♀) umgehend zur Überprüfung an den Hersteller zurückgeschickt werden.

Schicken Sie Ihr neues BABY-Modell deshalb sofort zu einer Generalüberholung ein. Aufgrund von Arbeitsüberlastung in unseren Produktionsstätten kann dies einige Wochen oder sogar Monate in Anspruch nehmen; BABY-Eigner können diese Zeit für einen Erholungsurlaub oder eine Kur nutzen – bedenken Sie, nur Sie, Sie ganz allein…

Wir werden Ihnen das BABY wieder zurücksenden, nachdem wir alle aufreibenden, ärgerlichen Störungen beseitigt haben; es wird danach viel einfacher zu versorgen und sauber zu halten sein, garantiert störungsfrei funktionieren, billiger und viel viel leiser… Jetzt wären Sie uns doch tatsächlich fast auf den Leim gegangen! Hahahahaha!

Anmerkung des Verfassers: Zugegeben, das war doch ein recht derber Scherz, aber ich konnt's einfach nicht lassen!

Häufige Fehler und Problembereiche:

Bei älteren BABY-Modellen treten in der Regel folgende Probleme auf: Extrem hohe Lärmbelästigung (speziell während der Zahn-Phase), leicht durch Stöße, Schläge oder Kratzer zu beschädigendes weiches Gehäuse (besonders wenn sich Ihr BABY in der portablen, selbsttätigen Betriebsart befindet), ständig steigende Betriebskosten und ernste Gesundheits- und Sicherheitsrisiken für Dauer-BABY-Eigner und -Betreiber.

Die folgenden Kapitel unterweisen den bereits fortgeschrittenen BABY-Eigner über Wartungs- und Reparaturarbeiten und tragen dazu bei, einen reibungslosen Betrieb zu gewährleisten, ungeachtet des Alters des BABYs (oder nicht, je nachdem).

Unentbehrliches Wartungs- und Reparaturmaterial:

Für neue BABYs, die etwa zwölf Monate alt sind, benötigen Sie das folgende Werkzeug und Material:
1) Fluor-Tabletten 2) Zahn-Gel 3) Arnika-Salbe gegen Stoß- und Schürf-Verletzungen 4) Umarmungen 5) Küsse

Einen ausreichenden Vorrat dieser Hilfsmittel sollten Sie jederzeit parat haben und großzügig damit umgehen (siehe auch Checkliste auf der folgenden Seite)

Service-Check-Liste:

Um einen vollständigen Überblick über die Wartung Ihres neuen BABYs zu gewährleisten, empfehlen wir Ihnen, die folgende Check-Liste auszufüllen. Tragen Sie in den entsprechenden Kästchen ein, wann die jeweiligen Wartungsarbeiten durchgeführt wurden.

Service-Art	Erledigt	Datum
Erster Container Fluor-Tabletten aufgebraucht		
Zweiter Container Fluor-Tabletten aufgebraucht		
Ersten Hundertkilo-Sack Fluor-Tabletten gekauft		
Erste LKW-Ladung Fluor-Tabletten geliefert		
Erste Tube Zahn-Gel aufgebraucht		
Zweite Tube Zahn-Gel aufgebraucht		
Dritte Tube Zahn-Gel aufgebraucht		
Zahn-Gel-Einfüllstutzen am BABY befestigt		
Erste Tube Verletzungssalbe aufgebraucht		
Zweite Tube Verletzungssalbe aufgebraucht		
Dritte Tube Verletzungssalbe aufgebraucht		
Das erste 50-Liter-Faß Salbe geöffnet		

ZAHN-GEL

Reparatur-Notdienst:

Während seiner ersten Lebensjahre werden Sie mit Ihrem neuen BABY bestimmt mehr als einmal den Reparatur-Notdienst aufsuchen müssen, um häßliche Beschädigungen seines Gehäuses, hervorgerufen durch Stöße, Kratzer, Abschürfungen oder leichten Verbrennungen von Spezialisten beheben zu lassen.

Um Panik zu vermeiden, empfehlen wir Ihnen, das nächstgelegene Notfall-Zentrum schon im voraus ausfindig zu machen und sich den kürzesten Weg dorthin einzuprägen.

Beschädigungen des empfindlichen Gehäuses Ihres BABYs:

Sie stellen für Betreuer und Eigner älterer BABYs das wohl am häufigsten auftretende Problem bei der Instandhaltung und Wartung dar. Besonders dann, wenn das Modell in die Phase des Selbstantriebs übergeht.

Wie in den folgenden Illustrationen dargestellt, können die Beschädigungen verschiedene Formen annehmen. In den meisten Fällen reichen bereits die einfachsten Schmiermittel, wie Arnika Verletzungssalbe, Umarmungen und Küsse, vollkommen aus, um einen zufriedenstellenden Betrieb ohne bleibende Schäden und Lärmbelästigung zu gewährleisten.

Im Falle schwerwiegenderer Beschädigungen, oder wenn Sie am Erfolg Ihrer Reparatur-Maßnahmen zweifeln, lesen Sie bitte nochmals das Kapitel »Reparatur-Notdienst«.

HINWEIS: Wir freuen uns, Ihnen an dieser Stelle mitteilen zu können, daß der Hersteller eine umfassende Rostschutz-Garantie für die gesamte Betriebsdauer Ihres BABYs gewährleistet, und zwar ohne Aufpreis.

Warnung:

Unabhängig davon, wie schmuddelig das hübsche Gehäuse Ihres neuen BA-BYs auch aussehen mag (z.B. durch verkrustete Speisereste, Prellungen, Kratzer o.ä.), versuchen Sie unter keinen Umständen, es neu zu lackieren! Die meisten Beschädigungen können durch heftiges Schrubben mit Seifenlauge oder den empfohlenen Service-Materialien behoben werden.

Typische Beispiele für die häufig auftretenden Gehäuse-Beschädigungen bei älteren BABYs.

Die Herausgeber, in Kenntnis der sensiblen Gefühle ihrer Leser, haben sich entschlossen, die Abbildung »Überfahrenes BABY-Gehäuse mit Reifen-Abdruck« nicht zu veröffentlichen.
(Offen gestanden: Wir haben es nicht mehr auf die Seite bekommen, es war einfach zu breit!)

Lärm bei Normalbetrieb:

In den folgenden Betriebsarten erreicht der Geräuschpegel die höchste, trommelfellerschütternde Lautstärke: Zahn-Modus, Plärr-Modus, Heul-Modus, Koller-Modus usw. Bei den meisten dieser Betriebsarten ist die Geräuschdauer zeitlich begrenzt. Sie endet für gewöhnlich, sobald Ihr neues BABY selbsttätig in einen anderen Modus umschaltet.

Auch wenn Sie Ihr neues BABY vom Wach- auf den Schlafmodus umschalten, kann es vorübergehend zu äußerst unangenehmen Geräuschemissionen kommen. Das ist völlig normal, und Sie sollten versuchen, diese Begleiterscheinungen zu ignorieren.

Hinweis: Auch wenn es mitunter den Eindruck erweckt, Ihr neues BABY wird garantiert nicht explodieren… auch wenn es möchte, daß Sie dies glauben. (Beachten Sie dazu auch das Kapitel »Infrarot-Bewegungsmelder und Alarmfunktion«)

Ist die hohe Lautstärke von Dauer, befindet sich Ihr neues BABY wahrscheinlich im Zahn-Modus. Dann haben Sie unser tiefstes Mitgefühl. Über die bereits beschriebenen Maßnahmen (siehe dazu das Kapitel »Wartungshilfsmittel und die Service-Checkliste«) hinaus, könnte nun ein optional erhältlicher BABY-Tröster dazu beitragen, den Lärmpegel geringfügig zu senken (Konkret: Geben Sie ihm irgend etwas zu Kauen, etwa einen Beißring, einen Hundeknochen, Papas Zeigefinger, Traktorreifen o.ä.)

Auch im Falle einer Beschädigung des Gehäuses Ihres BABYs ist eine starke Geräuschentwicklung überaus wahrscheinlich (siehe dazu das vorige Kapitel). Bringen Sie in solchen Situationen stets die einfachen Service- und Reparatur-Hilfsmittel (Salbe, Umarmungen, Küsse) zur Anwendung, bis sich der Lärmpegel auf Normalmaß reduziert hat.

Fehler im Orientierungssystem:

Infolge eines grundlegenden Konstruktionsfehlers ist das Orientierungssystem Ihres neuen BABYs besonders störungsanfällig. So kann es besonders im Eigenantriebs-Modus zu abrupten Störungen kommen, d.h. Ihr BABY wird plötzlich grinsen, einen Haken schlagen und selbsttätig in die entgegengesetzte Richtung marschieren.

Wir empfehlen Ihnen die folgenden Gegenmaßnahmen: 1) Schreien 2) Kreischen 3) Zupacken 4) Wegzerren. (Beachten Sie dazu auch das Kapitel über Lärmentwicklung und den Abschnitt über Lauflern-Hilfen im Kapitel »Bedienungshinweise und optionale Zusatzausstattungen«)

Defekter An/Aus-Schalter:

Ein weiteres Problem infolge eines nicht korrigierbaren Konstruktionsfehlers. Sorry. Lesen Sie dazu den Abschnitt »Umschalten vom Wach- in den Schlafmodus« im vorigen Kapitel über Geräuschentwicklung.

Hohe Betriebskosten:

Wir bedauern, daß mit zunehmenden Alter Ihres neuen BABYs die Betriebskosten unweigerlich steigen werden. Wir sprechen dabei nicht über den ab und an notwendigen halben Liter Öl und den Austausch einer Glühbirne. Hier geht's richtig ans Eingemachte, denn wir sprechen von neuen Kleidergrößen alle drei Wochen, jede Woche ein neues Paar Schuhe, Sportausrüstung, modische Klamotten, Marken-Jeans, Designer-Turnschuhen, Barbie-Puppen, Roller-Skates, CD's, Kassetten, Computer-Spielen, Schulausflügen, trendigen Haarschnitten, Taschengeld, Kino und und und und...

Hat Ihnen das eigentlich keiner vorher erzählt? Sagen Sie jetzt bloß nicht, das hätte nicht im Prospekt gestanden! (Naja, vielleicht hat es ja auch nicht....)

Gesundheits- und Sicherheitsrisiken

Bedauerlicherweise stellt Ihr neues BABY aufgrund zahlreicher kleiner Designmängel und Programmfehler für Langzeit-Eigner und -Betreiber ein ernstzunehmendes Gesundheits- und Sicherheitsrisiko dar.

Unfallverletzungen:

Achten Sie möglichst stets darauf, Ihre Finger, Nase, Augen, Ohren, Mund sowie alle anderen Körperteile vor den scharfkantigen, bissigen, pieksenden, kratzenden, bohrenden, tretenden und schlagenden Teilen des BABYs zu schützen.

Die Zähne Ihres neuen BABYs, Fingernägel und sein erstaunlich harter Schädel sollten daher idealerweise möglichst ohne Unterbrechungen mit Schutzvorrichtungen versehen sein. Die Kosten für ihre Anbringung werden jedoch leider nicht von den Krankenkassen übernommen. Außerdem könnten auch das Jugendamt und der Kinderschutzbund unter Umständen etwas dagegen haben.

Häufig auftretende Muskelzerrungen
gehören ebenfalls zu den zahlreichen Gesundheitsrisiken, denen
sich Langzeit-BABY-Eigner aussetzen. Wer ununterbrochen, Tag
für Tag, Woche für Woche, Jahr für Jahr genötigt ist, diese Zerrun-
gen zu erdulden, wird möglicherweise bald auch psychisch-mental
in eine krisenhafte Situation geraten (um es unumwunden zu sagen: Sie geraten an den Rand des Wahnsinns!).

Gleichwohl sind es vor allem die körperlichen Belastungen, die
ernsthafte medizinische Probleme nach sich ziehen können: Das
nie endende Hochheben und Tragen sowie das dauernde Win-
deln-Wechseln sowie das Immer-wieder-zurück-ins-Bettchen-Le-
gen sowie das Bücken-Müssen nach herumliegenden Teddies,
Schnullern, Fläschchen, Kissen, Püppchen, Bettchen sowie sowie
sowie sowohl als auch…

Die einzig wirksame Methode, um bei Langzeit-BABY-Eignern
Muskelzerrungen im Rückenbereich zu vermeiden, ist eine möglichst häufige und regelmäßige Aufenthaltsverlagerung aus dem di-
rekten Einfluß- und Wirkungskreis Ihrer neuen BABY-Einheit (haben Sie keine Hemmungen: Auch wenn's nur 'ne kurze Kaffeepau-
se oder eine Klo-Sitzung für wunderbar friedvolle fünf Minuten ist).

Auch Job-Sharing kann nützlich sein, sofern beide Partner bereit
sind, sich den BABY-Eigner-Risiken abwechselnd auszusetzen,
was selbstverständlich die Belastungen für den Einzel-Eigner auf
ein halbwegs erträgliches Mindestmaß herabsenkt.

Lachen Sie doch jetzt nicht! Das ist vollkommen ernst gemeint.

Infektionsgefahr:

Sie werden sicher schon festgestellt haben, daß Ihr neues BABY dazu neigt, jedweden frei herumschwebenden Virus (und selbst solche, von denen nie zuvor jemand hörte) einzufangen und, egal ob Schnupfen, Angina oder Russische Grippe, umgehend an Sie weiterzugeben.

In der Tat häufen sich nach Ansicht unserer Forschungsabteilung die Indizien für eine schockierende Theorie: Jede neue BABY-Einheit kann als überaus effiziente und todbringende Biologische Waffe eingesetzt werden, die weit mehr Bazillen und Bakterien zu produzieren vermag als in den Arsenalen der USA, Russlands und Chinas vorhanden sind. Besonders kleine aggressive Staaten könnten sich dieses BABY-Biowaffen-Potential skrupellos zunutze machen.

Infolgedessen kann es nur begrüßt werden, daß die Vereinten Nationen intensiv darüber diskutieren, sämtliche weltweit lagernde BABY-Einheiten durch regelmäßige Inspektionen durch die Anti-Biowaffen-Kommission unter Kontrolle zu halten.

Bis zur endgültigen Einigung im Sicherheitsrat empfehlen wir allen ihren BABYs ausgelieferten BABY-Eignern dringend, sich mit Operationshandschuhen, Atemmasken, Sauerstofftanks, undurchlässiger Schutzkleidung, digitalen Bakterien-Meßgeräten sowie allen anderen erschwinglichen Hilfsmitteln auszustatten, sobald sie auch nur den leisesten Verdacht haben, die laufende Nase ihrer neuen BABY-Einheit könnte der Beginn einer veritablen Erkältung sein. BABY-Betreiber, wehren Sie den Anfängen!

SCHNÜFF!
SCHNÜFF!

SAGROTAN

Weitere neue Betriebsfunktionen und verbesserte Leistungsmerkmale

Mittlerweile haben Sie sicherlich bemerkt, daß die Kapazität der Betriebsfunktionen Ihrer neuen BABY-Einheit mit nahezu jedem Tag größer wird.

Die Erfahreneren unter den BABY-Eignern bzw. BABY-Betreibern werden nun, nach Vollendung der ersten 12 Monate bzw. nach zirka 2000 Windel-Wechseln (je nachdem, was eher eintritt), immer neue, überaus unterhaltsame und nicht minder an- wie aufregende Funktionsmöglichkeiten an ihrem neuen BABY entdecken.

Die folgende kleine Aufzählung kann nur unvollkommen die zahllosen Möglichkeiten andeuten, mit denen Ihr neues BABY Ihnen im Alltags-Dauerbetrieb Freude macht.

SCHLEIF!   SCHLEIF!
SCHUFFEL!
DOTZ!
DOTZ!

Klammer-Modus:
Sie werden feststellen, daß sich bei Ihrem neuen BABY dieser Betriebsmodus automatisch immer dann einschaltet, wenn Sie mit einer Tätigkeit beginnen, die freies Umherlaufen zur Voraussetzung hat; wie etwa Staubsaugen, Wäsche aufhängen, Einkaufen gehen, mal schnell auf die Toilette verschwinden und dergleichen mehr. Sehr hilfreich.

Selbsttätiger-Bewegungs-Modus:
Dieser Modus geht automatisch in die folgenden Unter-Betriebsarten über:

Krabbeln-und-mit-dem-Kopf-anstoßen
Krabbeln-und-die-Treppe-runterfallen
Laufen-und-mit-dem-Kopf-anstoßen
Laufen-und-garantiert-stolpern
Rennen-und-garantiert-hinfallen
Weglaufen

Lesen Sie dazu auch die Anmerkungen über Lenkzügel und Steuerungsseile im Kapitel »Optionale Zusatzausstattungen«, Fehler im Orientierungssystem im Kapitel »Instandhaltung und Reparaturen« sowie den Abschnitt über die Portabilität im Kapitel »Erweiterte Sonderausstattungen«.

Trag-mich-Modus:

Diese Betriebsform hat im wesentlichen denselben Nutzeffekt wie der oben bereits beschriebene Klammer-Modus und rastet ähnlich wie dieser selbsttätig zumeist dann ein, wenn Sie bereits mit mehreren Einkaufstüten beladen sind oder einen Wäschekorb schleppen oder oder oder. Wirklich überaus hilfreich.

Vergleiche dazu auch Häufig wiederkehrende Muskelzerrungen im Kapitel »Gesundheits- und Sicherheitsrisiken«.

Telefon-Modus:

Ihre neue BABY-Einheit sollte nach ungefähr 12 Monaten Betriebsdauer in der Lage sein, als selbständiges Telefon-Modem zu agie-
ren, d.h. es sollte mühelos in Kommunikation mit örtlichen, natio-
nalen und internationalen Gesprächspartnern treten, sobald Sie
ihm auch nur für fünf Minuten den Rücken kehren.

Ihr neues BABY hat eine vollautomatische Wegwerf-Funktion:
Diese überaus sinnvolle und nützliche Zusatzfunktion befreit Sie
von der kräftezehrenden Mühe, so ungeliebte Objekte wie Juwe-
len, Portemonnaies, Uhren, Silberbesteck, Goldschmuck, Bücher,
kleinere Haustiere usw. eigens zu entsorgen.

Ihr neues BABY wird all diese Dinge umsichtig und restlos entsorgen bzw. einfach wegwerfen, wann immer Sie gerade nicht hinse-
hen. Bevorzugte Entsorgungsdeponien Ihres neuen BABYs sind
Mülleimer, Toiletten, hinter Schrankwänden oder in Öfen, unter
dem Sofa oder an tausend anderen Stellen, wo Sie den unnützen
Plunder nie wieder finden werden.

Nein, nein, danken Sie uns nicht. Das alles gehört zum Service.

Automatisches Küchenschrank-Öffnungs-und-Entleerungsprogramm:

Ein überaus unterhaltsamer Bestandteil in der Programmvielfalt Ihrer älteren BABY-Einheit, für gewöhnlich kombiniert mit dem nicht minder erbaulichen Topf-deckel-Schlagen-Programm. Eine durchweg anregende Spiel-Komponente, die selbst bei stark gestressten BABY-Eignern noch freudige Anteilnahme garantiert. Unternehmen Sie einfach mit Ihrem neuen BABY einen fröhlichen Wettkampf, wer am lautesten und häufigsten die Küchenschranktüren zuknallen kann (Sorry! Aber Ihr neues BABY gewinnt mit großem Vorsprung!).

Wichtiger Hinweis: Schubladen-Öffnen-und-Entleeren ist ein ebenso unterhaltsa-mes Spiel, das Ihr neues BABY für Sie bereit hält. In diesem Fall besteht der Wettbewerb darin festzustellen, ob Sie Ihre Unterwäsche, Strümpfe, BH's usw. schneller einräumen können als Ihr BABY sie im Zimmer verteilt. Spiel, Spaß, Spannung non-stop, Action und fröhliche Zerstreuung sind garantiert!

Infrarot-Bettzeit-Bewegungsdetektor und Alarmfunktion:
Um die Funktionstüchtigkeit dieser interessanten Sonderausstattung zu überprüfen, empfehlen wir, Ihr neues BABY zunächst in ein Übernacht-Aufbewahrungs-Behältnis (Wiege, Bett) zu verbringen.

Sobald die BABY-Einheit sich hörbar im Schlaf-und-Schnarch-Modus befindet, sollten Sie dann gaaaanz laaaangsam und leise versuchen, in der Dunkelheit vom Bett zur Tür zu gelangen. Wenn der Bewegungsdetektor technisch einwandfrei funktioniert, wird Ihr BABY sofort einen ohrenbetäubenden Alarmschrei ausstoßen, sobald Sie auch nur einen Meter weit gekommen sind.

Vergleiche dazu auch Lärmbelästigung im Normalbetrieb im Kapitel »Instandhaltung und Reparaturen«.

QUIETSCH!
QUIETSCH!
QUIETSCH!

HEUL!

Sonder-Modus Möbelneuarrangement:
Sie brauchen sich nie wieder Gedanken darüber zu machen, wie Sie Ihre Möbel am sinnvollsten aufstellen. Überlassen Sie das getrost dem serienmäßig eingebauten Innenarchitektur-Modus Ihres neuen BABYs. Fantastische Neuarrangements Ihres Mobiliars, wie Sie es sich nie hätten träumen lassen, sind die Regel: All Ihre Möbel auf einem Haufen in einer Ecke, ausgesprochen trendy sind auch all die umgekehrt aufgestellten Stühle, Sofakissen malerisch im Kamin gestapelt, Tischdecken geschmackvoll und künstlerisch wertvoll um Ihre Haustiere gewickelt usw.usw.

Türen-Schlagen-Modus:

Eine überaus nützliche Sonderfunktion. Sie werden nie wieder eine Tür hinter sich zumachen müssen. Überlassen Sie auch dies einfach Ihrem neuen BABY. In der Tat wird es wahrscheinlich bald unmöglich sein, auch nur eine Tür in Ihrem Haus oder Ihrer Wohnung für mehr als ein paar Sekunden geöffnet zu halten, ehe Ihr BABY sie entdeckt und umgehend für Sie zuschlägt.

Unglücklicherweise springt dieser praktische Betriebsmodus häufig automatisch in die Wiederhol-Funktion um, was dann leider doch auch mitunter etwas lästig werden kann. Sorry, kleiner Programmierfehler.

Darüber hinaus sind bei diesem Modus leichte Beschädigungen Ihrer neuen BABY-Einheit nicht auszuschließen, besonders im weichen und ansprechend designten Finger-Bereich. (Vergleichen Sie dazu auch »Instandhaltung und Reparaturen«)

Dieses Programm arbeitet für gewöhnlich ebenso effektiv bei Schubladen und Küchenschranktüren (Vergleichen Sie dazu auch »Automatisches Küchenschrank-Öffnungs-und-Entleerungsprogramm«)

Vollautomatischer-Steckdosen-Test-Modus:

Sie werden feststellen, daß Ihr neues BABY sehr viel Zeit und Mühe darauf verwendet, diese Sonderfunktion selbsttätig in Gang zu bringen und sich mit Ihrem Stromnetz zu verbinden.

Wir empfehlen dringend, diese Versuche zu unterbinden, da die häusliche Stromversorgung unserer Erfahrung nach für Ihr neues BABY eine unzuträgliche Energiequelle darstellt und sogar zu irreparablen Schäden an Ihrer BABY-Einheit führen kann. BABYsichere Steckdosen gehören deshalb zum überall erhältlichen Sonderzubehör und ersparen Ihnen unnötige Scherereien.

Staubsauger-Panik-Modus:

Nein, da sollten wir nicht lachen. Das ist ganz und gar nicht lustig. Das arme kleine Ding. Nein, hören Sie auf. Wirklich, gar nicht komisch....lassen Sie um Himmels Willen den Staubsauger aus…

Spiel-Modus:

Eigentlich sollten wir ehrlichkeitshalber darauf hinweisen, daß Sie diesen Modus besser erst gar nicht ausprobieren sollten, da die kleinen Biester erfahrungsgemäß am liebsten morgens um fünf in Ihr Bett kommen und vollautomatisch den Spiel-Modus in Gang setzen, während das ganze Haus noch still ist und Sie noch drei, vier Stündchen an der Matratze horchen wollen.

Andererseits haben wir diese toughen Jungs aus unserer BABY-Entwicklungs-Psychologie-Forschungs-Abteilung im Nacken, also… ermuntern Sie Ihr BABY so oft es nur geht und zu jeder Tages- und Nachtzeit, den Spiel-Modus auszuprobieren, denn das ist ungeheuer wichtig für die gesunde psychische und motorische Entwicklung all seiner Betriebsfunktionen. Glauben Sie uns. Ganz ehrlich.

Richtungslose Richtungsanzeige:

Eine äußerst rätselhafte und bisweilen auch nervtötende Sonderfunktion Ihres neuen BABYs, deren tieferen Grund unsere Forschungsingenieure bislang nicht haben herausfinden können. Möglicherweise eine lästige Fehlfunktion, die Sie am besten ignorieren, bevor Sie den Verstand verlieren.

Sex-Früherkennung und Stop-Funktion:

Eine unter Umständen überaus mißliche Sonderfunktion Ihres neuen BA-BYs, die sich häufig automatisch einschaltet und deren Ursache unsere Forschungsabteilung trotz jahrelanger unermüdlicher und frustrierender Testreihen nicht hat herausfinden können, geschweige denn beheben.

Grundsätzlich schaltet sich dieser Modus nahezu immer dann ein, wenn die BABY-Eigner ausnahmsweise einmal ihren ohnehin schon brachliegenden Lustimpulsen nachgehen wollen; für gewöhnlich wird sich ihr neues BABY dann geräuschvoll zwischen Mama und Papa drängen und sich unzertrennbar an einen von ihnen (zumeist die Mama) klammern; selbst die Erlaubnis, mit sonst strengstens verbotenem Spielzeug wie etwa dem Telefon, dem Schmuck, Kreditkarten, Steckdosen oder Haustieren zu spielen, setzt dieses Programm nicht außer Kraft.

Wir arbeiten dran. Es muß einfach eine Lösung geben. Vertrauen Sie uns. Wir werden sie finden. Wir hoffen. O Gott, ja wir hoffen!

Badezimmer-Überflutungs-Modus:
Diese Betriebsfunktion schaltet sich häufig vollautomatisch ein, sobald Sie versuchen, die Außenhülle Ihrer BABY-Einheit zu säubern und macht die Verwendung von Regenschirmen, Gummistiefeln und Regenjacken notwendig.

Weitere verbesserte Betriebsfunktionen und optionale Zusatzausstattungen

Zahlreiche Sonderfunktionen und Ausstattungsmerkmale Ihrer neuen BABY-Einheit schalten sich vollautomatisch bei wachsender Betriebsdauer ein.

Es gibt darüber hinaus ein oder zwei überaus nützliche zusätzliche Zubehörteile, die dazu dienen können die Gebrauchsfähigkeit Ihres neuen BABYs in kritischen Situationen noch zu verbessern.

LAUFZÜGEL
OPTIMALES
ZUBEHÖR
LENKHILFE

Tragbarkeit:
Ihre neue BABY-Einheit wurde im Prospekt als »problemlos tragbares Schoß-Modell« angeboten (Vergleichen Sie dazu auch »Ihr neues BABY – Gebrauchsanleitung«, ebenfalls in dieser Buchreihe erhältlich).

Mit der Zeit und wachsender Erfahrung wird sich Ihr neues BABY als weitaus mobiler erweisen als damals angenommen (leider dabei aber nicht mehr unbedingt schoßtauglich bleiben); tatsächlich wird es in der Regel seinen vollautomatischen selbsttätigen Bewegungs-Modus zum Einsatz bringen.

Dies ist ein überaus nützlicher und praktischer Betriebsmodus, auf den leider aber nicht hundertprozentig Verlaß ist. Er neigt dazu, unvermittelt in den Trag-mich-Modus umzuspringen. Auch das hochentwickelte Orientierungssystem neigt mitunter zu kleineren Fehlfunktionen, so daß plötzliche Richtungswechsel Ihres neuen BABYs leider nicht völlig auszuschließen sind.

Für solche Fälle hat sich das optional erhältliche Lauf-Richtungs-Steuer-System als hilfreich erwiesen, zumindest bei dem einen oder andern. Der einzige Nachteil dieses an sich hoch effizienten Lenk-Zügel-Verfahrens ist es, daß viele Betreiber seine eigentliche Funktionsweise nicht begreifen. Anstatt als Richtungs-Steuer für die BABY-Einheit zu dienen, wird es häufig umgekehrt für die BABYs als hilfreiche Unterstützung angewandt, um den BABY-Eigner in die Richtung zu zerren, in die sie oder er gerade laufen will. Ein Fehler, der leicht unterlaufen kann, weshalb wir es für angebracht hielten, an dieser Stelle darauf hinzuweisen, um spätere Klagen und Reklamationen auszuschließen.

Überlauf/Reststoff-Entsorgung:

Die Betriebskosten Ihrer neuen BABY-Einheit lassen sich erheblich reduzieren, wenn Sie die in den ersten Betriebsmonaten unumgänglich notwendigen Wegwerf-Reststoffbehälter gegen einen wiederverwendbaren High-Tech-Reststoff-Behälter (Töpfchen) eintauschen.

Klingt ganz einfach. Der Haken ist nur, daß es gar nicht so einfach ist, eine dauerhafte Verbindung zwischen dem Reststoffauslaßventil an der unteren Rückseite Ihres neuen BABYs und der Entsorgungsstation (Töpfchen) herzustellen, bis die Reststoffentsorgung vollzogen ist (oder auch nur gerade mal angefangen hat).

WARNUNG: Unter gar keinen Umständen können wir die Verwendung von Sekundenkleber oder Holzleim empfehlen, um die Entsorgungs-Station und Ihr neues BABY miteinander zu verbinden (so sehr wir auch mit dieser nur allzu verständlichen Maßnahme sympathisieren.) Sie könnten's allenfalls mit Tesa oder doppelseitigen Klebestreifen versuchen. Nebenbei, wir haben's mit Klebestiften versucht – nutzlos.

Koller-Modus:

Das ist die lästige, aber leider unvermeidliche Steigerung des von früher her bekannten Grein-Modus. Doch die beiden miteinander zu vergleichen, heißt einen kleinen Erdstoß mit einem Beben der Stärke Acht oder einem Vulkanausbruch mit reißenden Lavaströmen, Ascheregen und todbringenden Flutwellen zu vergleichen.

Schmoll-Modus:

Eine weitere Betriebsfunktion der älteren, bereits fortgeschrittenen BABY-Einheit, für gewöhnlich in Verbindung mit dem Koller-Modus. Versuchen Sie, nicht zu lachen. Ihr neues BABY ist Ihnen ernsthaft böse und versucht es Ihnen zu zeigen....ganz egal, wie lächerlich sie/er dabei auch aussieht.

Selbsttätiger Wiederauffüll-Modus:

Diese fortschrittliche Betriebsfunktion gehört ursprünglich zu den eindeutigen Pluspunkten aus der Sicht der BABY-Eigner und -Betreiber. Leider werden allzu häufig die damit einhergehenden Schmutzemissionen sträflich vernachlässigt.

Tatsächlich gehört die Kunst der dekorativen Wohnraumgestaltung zu den am meisten unterschätzten Eigenschaften Ihres neuen BABYs. Warum streichen wohl so viele BABY-Eigner ihre Wohnungen in beige, braun, gelb oder dunkelgrau, verwenden wild gesprenkelte Tapeten und Teppiche, Gardinen und Polstermöbel? Doch bloß weil das durchschnittliche neue BABY, gibt man ihm eine Schüssel mit irgendeinem Brei und einen Löffel in die Hand, sofort damit beginnt, beige, braune oder gelbe Essenspritzer im Raum zu verteilen, so daß es vollkommen sinnlos wäre, die Wände in anderen Farbtönen zu streichen.

Audio Output:

Zwischen dem 12-Monate-Service und dem 24-Monate-Service sollte Ihre neue BABY-Einheit automatisch seinen Audio-Output fortentwickeln. Aus dem anfangs nervtötenden und vollkommen unverständlichen Brabbel-Modus entsteht beim fehlerfrei funktionierenden BABY der fast ebenso unverständliche, dafür aber ebenso nervtötende Sprach-Modus.

Das nervtötendste am Sprach-Modus ist der Umstand, daß die kleinen Biester möglicherweise nun damit beginnen, Ihnen zu antworten. Sorry.

Darüber hinaus werden Sie, wenn Sie Ihr BABY sehr aufmerksam beobachten, feststellen, daß (infolge eines Programmierfehlers in der zentralen Steuerungseinheit) sämtliche neuen BABYs während des Programmstarts des Sprach-Modus koreanisch, sanskrit oder japanisch sprechen, bevor ihr Muttersprachen-Programm einrastet. Faszinierend, oder?

Technische Daten

Gesundheits- und Sicherheitsstatistik:
Neues BABY, Modell 1001 A-Mädchen/1001 B-Junge

Wahrscheinlichkeit einer physischen Gefährdung des BABY-Eigners (beißen, boxen, kratzen, Kopfstoßen usw.)
....100% – 1.000.000%

Wahrscheinlichkeit von Gesundheits-Langzeitschäden des BABY-Eigners infolge von BABY-Einwirkung
....100% – 1.000.000%

Risiko eines Ehe-Zerwürfnisses der BABY-Eigner .....30% – 50%

Wahrscheinlichkeit, daß der BABY-Eigner infolge der Einwirkungen der neuen BABY-Einheit zu einem schnatternden, schniefenden, chronisch leidenden, suizidgefährdeten Wrack degeneriert ....100% – 1.000.000%

Weitere Service-Check-Intervall-Einheiten:
Nach Durchführung des 12-Monats-Service-Checks oder 2000 Windelwechseln (je nachdem, was eher eintritt), beachten Sie im folgenden bitte die nächsten vom Hersteller dringend empfohlenen Servivce-Check-Intervalle:

24 Monate / Die gräßlichen Zweijährigen
36 Monate / Die traumatischen Dreijährigen
48 Monate / Die entsetzlichen Vierjährigen
60 Monate / Die verfl… furchtbaren unerträglichen unausstehlichen Fünfjährigen

Wir haben Sie gewarnt.

Garantie
Infolge der leider denn doch recht zahlreichen Fehler in der Grundaustattung sowie zahlloser Programmierfehler in der Steuerungs-Software Ihres neuen BABYs, die Sie nun sicherlich alle zur Genüge kennenlernen konnten, werden neue BABY-Einheiten ohne jede Garantie geliefert.

Mit einer Ausnahme allerdings, nämlich einer umfassenden lebenslänglichen Versicherung des Herstellers, daß die süßen kleinen Racker rücksichtslos jede nur denkbare Möglichkeit ergreifen werden, Sie in den vollkommenen, zähneklappernden, galoppierenden Wahnsinn zu treiben… ach ja, und sie sind selbstverständlich absolut rostfrei!